Cómo Mejorar Tu Historial Crediticio

Estrategias Probadas Para Reparar Tu Historial Crediticio, Cómo Incrementarlo y Superar La Deuda de Tarjeta de Crédito

Volumen 2

Por

Income Mastery

© Copyright 2019- Todos los derechos reservados.

El siguiente libro se escribe con el objetivo de proporcionar información lo más precisa y confiable posible. En cualquier caso, la compra de este libro toma en cuenta que, tanto el editor como el autor, no son expertos en los temas tratados y que las recomendaciones o sugerencias que se hacen aquí son solo para fines de entretenimiento. Profesionales deben ser consultados según sea necesario antes de emprender cualquiera de las acciones aquí mencionadas.

Esta declaración se considera justa y válida tanto por la American Bar Association como por el Comité de la Asociación de Editores y se considera legal en todos los Estados Unidos.

Además, la transmisión, duplicación o reproducción de cualquiera de los siguientes trabajos, incluida la información específica, se considerará un acto ilegal independientemente de si se realiza de forma electrónica o impresa. Esto se extiende a la creación de una copia secundaria o terciaria del trabajo o una copia grabada y solo se permite con el debido consentimiento expreso por escrito del autor. Todos los derechos adicionales reservados.

La información en las siguientes páginas se considera, en términos generales, como una descripción veraz y precisa de los hechos y, como tal, cualquier falta de atención, uso o mal uso de la información en cuestión por parte del lector hará que las acciones resultantes sean únicamente de su competencia. No hay escenarios en los que el editor o el autor de este libro puedan ser considerados responsables de cualquier dificultad o daño que pueda ocurrirles después de realizar la información aquí expuesta.

Además, la información en las siguientes páginas está destinada únicamente a fines informativos y, por lo tanto, debe considerarse como universal. Como corresponde a su naturaleza, se presenta sin garantía con respecto a su validez prolongada o calidad provisional. Las marcas comerciales que se mencionan se realizan sin consentimiento por escrito y de ninguna manera pueden considerarse como auspicios de la misma.

Tabla de Contenidos

Capítulo 1: Historial Crediticio 6

  ¿Qué es un historial crediticio? 6

  Factores que influyen 9

  Importancia 10

  ¿Qué es un crédito? 11

  Tipos de créditos 12

  Un mal crédito 13

  Tipos de puntaje crediticio 14

Capítulo 2: ¿Cómo reparar tu historial crediticio? .. 16

  Factores que conducen a la mala situación crediticia 17

  Tipos de reparación de crédito 17

  Consejos para una reparación de crédito 26

  Reparar usted mismo su crédito es la mejor opción 34

Capítulo 3: Estrategias para incrementar tu historial crediticio 37

  ¿Cómo establecer un buen historial crediticio? .. 37

  Necesidades versus deseos 38

  ¿Cómo hacer un plan de gastos? 38

  Estrategias de mejora 39

  ¿Qué pasa si no tengo crédito? 42

Capítulo 4: Tarjetas de crédito............................ 44

    ¿Cómo funcionan las tarjetas de crédito?............ 44

    ¿Cómo elegir una tarjeta de crédito? 44

    Errores importantes de la tarjeta de crédito........ 45

Capítulo 5: ¿Cómo superar una deuda de tarjeta de crédito?... 52

    Pasos para salir de una deuda de tarjeta de crédito 52

    Métodos para superar deudas de tarjeta de crédito 56

    ¿Por qué ahorrar es tan importante? 57

    ¿Cómo comienzo a ahorrar?................................... 58

Referencias Bibliográficas 60

Capítulo 1: Historial Crediticio

¿Qué es un historial crediticio?

Su historial de crédito muestra cómo ha administrado sus finanzas y cómo ha ido pagando sus deudas en el tiempo. Su informe de crédito personal es una lista de la información en su historial crediticio el cual comienza en el primer momento en el que solicita un crédito. A partir de ese momento, cada vez que solicite una tarjeta de crédito o préstamo, la información se agregará a su historial crediticio. El componente más importante de su informe de crédito es si realiza sus pagos a tiempo.

Para predecir su futuro financiero, muchas empresas observan su historial de crédito a través de su informe de crédito. Un historial de crédito es un perfil dentro de un informe de crédito que muestra cómo una persona manejó su dinero en el pasado.

Puede incluir información como:

- ¿Con qué rapidez ha pagado las tarjetas de crédito y préstamos?
- ¿Cuán confiablemente ha pagado otras facturas, como el alquiler y utilidades?

- Sus deudas pendientes totales.
- Su crédito disponible en hipotecas, tarjetas bancarias, préstamos para automóviles y otras líneas de crédito.

El historial crediticio es un determinante clave de quién puede salir adelante financieramente y quién no. Si bien fue originalmente destinado a ser utilizado por los prestamistas para evaluar si se aprueba o no un consumidor para un nuevo crédito, el historial crediticio actualmente se usa para muchos fines no crediticios. Aunque los informes de crédito pueden ser una buena fuente de información con respecto al reembolso del préstamo y al historial de préstamos, existen pocos vínculos entre el historial de crédito y algunos de sus solicitudes más recientes, como conseguir un trabajo, alquilar una casa u obtener un seguro médico.

No tener historial crediticio puede conducir a la pérdida de oportunidades, el historial de crédito ahora se usa con frecuencia como un filtro para una variedad de fines no crediticios; esto incluye vivienda, empleo, tarifas de seguro, servicios públicos, autorizaciones de seguridad y servicios de salud asegurados. Esta puede conducir a una pérdida significativa de oportunidades de creación de riqueza, junto con un aumento de los eventos que agotan la riqueza, como el mayor uso de servicios financieros alternativos o deudas relacionadas con la salud. Muchos empleadores usan el historial de crédito como una forma de evaluar el potencial empleado. La Sociedad para la Gestión de Recursos Humanos encontró el 47% de los empleadores realizan verificaciones de crédito de los solicitantes de empleo. Una amplia gama de puestos, desde puestos financieros de alto nivel hasta trabajos de mantenimiento pueden requerir una verificación de crédito. Los empleadores pueden eliminar de la contratación a los solicitantes con problemas de crédito a pesar de que no hay evidencia de un vínculo entre el mal crédito y el mal desempeño laboral.

En buen crédito juega un papel importante en su vida financiera. No solo es esencial para calificar para un préstamo u obtener una tarjeta de crédito, sino también para obtener servicio de telefonía celular, alquilar un automóvil y tal vez incluso conseguir un trabajo.

Un historial crediticio corto puede tener un negativo afectar su puntaje, pero un historial corto puede ser compensado por otros factores, como pagos puntuales y saldos bajos.

La información sobre su historial de crédito es recogido rutinariamente por organizaciones llamadas burós de crédito. Cada agencia de crédito tiene su propia recopilación de datos sobre cada persona, que generalmente incluye información personal, colecciones de información, información de registros públicos e información sobre el historial de pagos y deudas pendientes. Tomados en conjunto, todo esto la información sobre usted se hace su historial crediticio.

Factores que influyen

Se utilizan muchos factores para analizar su historial crediticio:

- Su historial de pagos.
- El monto adeudado.
- Tiempo de uso de crédito.
- ¿Con qué frecuencia solicita un nuevo crédito y asume una nueva deuda?
- Los tipos de crédito que usa actualmente, como tarjetas de crédito, cuentas minoristas, préstamos a plazos, cuentas de compañías financieras e hipotecas.

Es importante tener en cuenta que su nivel de ingresos no es un factor considerado al analizar su historial crediticio. Alguien con un alto nivel de ingresos, por ejemplo, puede tener un bajo puntaje de crédito, mientras que alguien con un bajo nivel de ingresos podría tener un alto puntaje de crédito. Todo depende del uso del crédito y los factores descritos anteriormente.

Importancia

Un buen historial crediticio aumenta la confianza de aquellos en una posición para prestarle dinero, como prestamistas y acreedores. Cuando ellos observen que usted ha pagado su préstamo según lo acordado, es más probable que los prestamistas le otorguen nuevamente un crédito. Vas a ser visto como una persona que cumple con su acuerdo. Con un buen crédito, puede pedir prestado para futuros gastos mayores, como un automóvil, casa o educación, y puede pedir prestado dinero a un costo menor.

En términos generales, cuanto mejor sea su crédito, menor será el costo de obtener ese crédito generalmente en forma de tasas de interés y tarifas. Eso significa que tendrá más disponibilidad para ahorro y gasto. Los prestamistas tendrán más confianza en su capacidad y compromiso de pagar el préstamo a tiempo y en su totalidad.

Sin embargo, si su historial crediticio no es sólido, usted deberá pagar intereses más altos, tasas, tarifas y tiene menor oportunidad de obtener dinero para ahorros y gastos. Con el tiempo, tasas y tarifas más altas se traducen en la pérdida de miles de dólares de ahorro potencial.

La tasa que pagará por un préstamo generalmente está determinada por su informe de crédito y puntuación de crédito. Los prestamistas suelen otorgar préstamos "A" para personas con buenos y excelentes créditos, o que hayan realizado pagos según lo acordado durante los últimos 24 meses. Estos préstamos generalmente tienen la tasa de interés más baja. Los prestamistas califican "B" o "C", o préstamos "de alto riesgo" para personas con problemas de crédito ya sean pasados o actuales, como retrasos de pagos. Estos préstamos generalmente tienen tasas de interés más altas.

¿Qué es un crédito?

El crédito es un acuerdo que se hace con una empresa o individuo para recibir bienes, productos o servicios que serán pagados a futuro. Es una medida de su fiabilidad financiera y se puede utilizar para compras pequeñas o grandes. Préstamos, que a menudo se basan en el crédito e implican dinero prestado que se tiene que devolver en este caso con intereses.

Aunque la palabra crédito a menudo describe la confianza de un prestamista en un préstamo particular, el término también suele referirse a las formas particulares en que esta confianza permite que el dinero cambie de manos. Por ejemplo, tanto tarjetas de crédito como hipoteca de hogar, se consideran formas de crédito.

Tipos de créditos

- El crédito rotativo permite a un consumidor pedir repetidamente prestado hasta una cantidad predeterminada por cada mes, siempre que su cuenta permanezca en buen estado. Este tipo de crédito puede ser no garantizado, como con una tarjeta de crédito, o asegurada, como con una línea de crédito hipotecando una casa, que requiere un activo concreto para respaldar su promesa pagar. Ejemplos de crédito rotativo son: tarjetas de crédito y líneas de crédito.

- El crédito a plazo consiste en préstamos que se pagan con el tiempo, generalmente en una serie de pagos fijos. Ejemplos de este tipo de crédito son: préstamos para automóviles, hipotecas de viviendas, préstamos estudiantiles, préstamos personales, préstamos de mejora de vivienda y préstamos para compra de terrenos.

Un mal crédito

Para muchas personas ser marcadas por un mal riesgo crediticio es como ser condenadas al ostracismo por la sociedad, ¡la misma sociedad que prospera a crédito! ¡Qué contradicción! Una vez que esta mala etiqueta de crédito es otorgada a su persona, internamente los daños son profundas.

El problema es exagerado. Esto se ve confirmado por las estadísticas que regularmente publican las autoridades federales donde casi el 40 al 45 por ciento de las personas poseen un mal crédito. Una vez que se observa el mal crédito, las puertas que antes estaban abiertas ya no son lo mismo. Esa es la desventaja del mal crédito.

Lo que una persona con mal crédito necesita entender es que no es el fin del mundo. Esas dos palabras solo significan que los futuros proveedores deben tener cuidado al tratar con usted.

Existe un montón de personas y empresas que saben cómo reparar una situación de mal crédito. Hay una amplia gama de libros disponibles, desde lo simple hasta lo complejo, que al menos educan, ayudan a las personas al respecto, y los diversos pasos que podrían tomarse para superarlo.

Si usted se encuentra en esta situación es porque el número de personas que tienen mal crédito también es grande. Si bien puede que no te consuele estar entre este grupo de personas, al menos no estás solo en ella. Autocompasión y sentirse avergonzado no ayuda.

Tipos de puntaje crediticio

- Puntajes bajos

Las personas con puntajes que oscilan entre 300 y 549 se consideran prestatarios de alto riesgo. Tener estos puntajes hace que sea difícil obtener aprobación para líneas o crédito, préstamos o financiamiento para una casa. Si los prestamistas le extienden su crédito, probablemente será a tasas de interés de alto riesgo, lo que significa que pagará el riesgo que representa. Este puntaje más bajo también puede ser un factor que los empleadores potenciales pesarán a considerarlo para un nuevo puesto.

- Puntajes de rango medio a superior

Las personas con puntajes que van de 550 a 649 son prestatarios de riesgo moderadamente alto. Debido a que estos puntajes aún tienen un margen de mejora, las tasas de interés seguirán siendo altas y las líneas de crédito bajas. El puntaje de crédito promedio nacional es de alrededor de 660. Los consumidores que consideran buenas inversiones para los prestamistas son aquellos con puntajes que van de 650 a 799. Debido a que las agencias bancarias con estos puntajes tienen pocas fallas en su historial crediticio, solo los pagos perdidos aquí y allá o un alto índice de crédito, son elegibles para tasas de interés competitivas.

- Puntajes óptimos

Las personas con puntajes en el rango de 800 a 850 son una excelente inversión para los prestamistas. Los prestatarios en este rango pueden obtener un préstamo, comprar un automóvil o financiar una casa con facilidad. Son elegibles para las tasas de interés más bajas disponibles. Una vez que las personas utilizan el crédito que han ganado, es importante que continúen manteniendo buenos hábitos, especialmente porque el simple acceso a grandes sumas de dinero conlleva una mayor responsabilidad.

Capítulo 2: ¿Cómo reparar tu historial crediticio?

El uso de tarjetas de crédito a veces causa problemas a las personas. Esto puede deberse a supervisión u otros problemas financieros o emergencias que pueden interponerse en el pago de las tarjetas de crédito. Es bastante simple reparar un historial crediticio, esto requiere algo de tiempo y un poco de trabajo para reparar el mal crédito.

La mala situación de crédito es la peor situación en la vida, esto no solo obstaculiza su vida actual, sino también afecta su futuro prospecto de obtener un préstamo.

Si usted fue o no un buen riesgo crediticio en el pasado, este es considerado como el mejor indicador de cómo va a reaccionar a una deuda en el futuro. Por esta razón, la demora en el pago, incumplimiento de préstamos, falta de pago de impuestos, bancarrotas y otras responsabilidades de deuda insatisfechas contarán en su contra aún más. No se puede hacer mucho por su pasado financiero, pero comenzar a pagar sus facturas a tiempo, comenzando hoy, puede ayudarlo a aumentar su puntaje de crédito en el futuro.

Factores que conducen a la mala situación crediticia

No hay una sola razón para entrar en una mala calificación crediticia. Algunas de las causas fundamentales de esto son las siguientes:

- El gasto excesivo es el factor más crucial que conduce a la situación de un mal historial crediticio.
- Las diferentes situaciones inevitables como problemas de salud, desempleo y otros problemas financieros también tienen una incidencia en un historial crediticio.
- El incumplimiento de pago a tiempo también afecta el historial de crédito.

Tipos de reparación de crédito

Reparación de crédito a través de la consolidación de deuda

Aunque el estado económico y la situación de todos son diferentes, casi todos hemos estado de alguna manera en deuda en algún momento dado. Esto puede significar pequeñas deudas como facturas de tarjetas de crédito o financiamiento en la tienda, así como los más grandes, préstamos e hipotecas pendientes. Lo que esto significa es que casi todos dependen de que se les permita una cierta cantidad de crédito, y sin crédito muchas de las cosas que das por sentado se volverán difíciles. Una vez que se evidencia una falta de incumplimiento, o fallas en algún pago a las agencias, su agencia de crédito recibirá un aviso y usted se encontrará con una mala calificación crediticia. La reparación de crédito efectiva implica muchos pasos diferentes, y es particular dependiendo de la situación de cada individuo. Una buena solución para la mayoría de las personas en términos de reparación de crédito, es la consolidación de deuda.

Una de las cosas más importantes en la reparación de crédito es actuar rápidamente. Aunque su calificación crediticia se dañará tan pronto como comience a perder los pagos a sus acreedores, obtendrá peores cosas si continúas haciéndolo. Muchas personas se confunden al pensar si el tener un crédito es bueno o malo y una vez que se encuentran en problemas con un acreedor es inútil intentar rectifícalo. Sin embargo, todo lo contrario es cierto, por lo que incluso si está en mal estado con los acreedores, la reparación requiere que paguen sus deudas lo más rápido posible.

El problema, por supuesto, es que probablemente no tenga el dinero para pagar las deudas, después de todo, su situación económica probablemente fue la razón de los atrasos en los pagos. Por esta razón, la consolidación de la deuda puede ser una herramienta excelente en la reparación del crédito. Funciona al consolidar todas sus deudas en un solo préstamo. En otras palabras, si tiene múltiples deudas pendientes de pago, usted toma un préstamo de una compañía, usa ese préstamo para pagar las deudas y luego hace pagos únicamente a este nuevo préstamo.

La consolidación de deuda permite cierta flexibilidad en situaciones donde su deuda se está convirtiendo inmanejable aunque en última instancia deberás la misma cantidad de dinero, podrías endeudarte a largo plazo, de esta manera sus pagos mensuales disminuirían. Aún más importante, la consolidación de deudas lo coloca inmediatamente en una posición sólida con sus acreedores, y finalmente un buen augurio para la reparación de crédito. Las cosas no serán perfectas, pero sus acreedores informarán que usted canceló sus deudas, y así el proceso de reparación de crédito puede comenzar rápidamente.

La consolidación de deuda es una herramienta importante en la reparación de crédito porque permite que su estado financiero con los acreedores cambie muy rápidamente ya que pasas de alguien en malos términos con múltiples acreedores a alguien en buenos términos con uno solo. Además, te permite detener el daño antes de que las cosas se pongan fuera de control, y te brinda el espacio que necesitas para respirar después de realizar una reparación de crédito. Es por lo mencionado que esta manera inteligente de consolidación de deuda es una herramienta valiosa en la reparación de crédito.

Consolidación de deuda

Una consolidación de deuda en otras palabras, es un préstamo que es sacado para pagar otros préstamos más pequeños, u otros tipos de deuda, reduciendo así el número de pagos realizados en un mes, así como el monto pagado mensual. Personas que se encuentran bajo una inmensa presión ocasionada por una deuda, a menudo buscarán un consolidado de deuda para ayudar a aliviar sus obligaciones mensuales.

Beneficios

- ✓ Todas sus deudas pendientes estarán pagadas.
- ✓ Solo tendría un préstamo para pagar.
- ✓ Hay un poco más de ingresos disponibles en su presupuesto.

Mientras que un préstamo consolidado podría parecer una buena idea, hay desventajas para deben ser consideradas antes de solicitarlo.

Desventajas

- ✓ Puede llegar a pagar costos extra en temas administrativos.

- ✓ La tasa de interés puede ser menor que la tasa promedio de su deuda actual pero a largo plazo significa que pagará más en interés efectivo.
- ✓ No elimina del todo su deuda, es simplemente la misma deuda en otra forma.

Antes de inscribirse en un préstamo consolidado, calcule cuánto interés pagará con su deuda actual y compárelo con los intereses que se estaría pagando si aceptas un consolidado de deuda.

Reparación de crédito a través de un agente de cobranza

Las calificaciones crediticias se basan en su informe crediticio. Cuando los bancos, compañías de tarjetas de crédito o cualquier otra entidad le prestan dinero, le informan a una agencia su estado actual en términos de hacer sus pagos a tiempo. Luego, la agencia recopila esta información en una historia crediticia, que es el mejor guardián de su calificación crediticia. Las marcas negativas en su calificación crediticia se mantendrán allí por 7 años, evitando que obtenga mayores tipos de préstamos.

Cuando comienza a tener demoras en los pagos a un acreedor, ya sean pagos de préstamos o tarjetas de crédito o pagos de financiación, el acreedor realizará varios pasos en un intento de que usted cancele su deuda. Después de una serie de advertencias (generalmente largas), el acreedor eventualmente venderá su deuda a una empresa de cobranzas. Cuando un acreedor hace esto, efectivamente está "cancelando el préstamo" debido a que venden la deuda a un agente de cobranza con un gran descuento. Básicamente, el acreedor ha decidido que sus posibilidades de recuperar el préstamo son lo suficientemente pequeñas como para estar dispuestas a perder tanto como la mitad de su valor para dejar de perseguirlo. Cuando esto sucede el acreedor informará a la agencia su reporte de crédito, y se le dejará la marca más baja posible en su informe de crédito, el cual afectará su calificación por hasta 7 años.

Un paso crucial para la reparación del crédito es tomar medidas para evitar esta "cancelación" de su deuda. Deberías actuar lo antes posible después de ser contactado por un agente de cobranza. Lo primero que debes hacer es comunicarte con tu acreedor, no con la compañía de cobranzas, y ver si se puede hacer arreglos para limpiar la deuda con ellos. En muchos casos, si acepta pagar la deuda inmediatamente al acreedor, ellos eliminarán la marca "asignado a cobranzas" de su calificación crediticia, siendo esencial para la reparación rápida del crédito.

Si su acreedor no está dispuesto a hacer esto, está atrapado ante la agencia de cobranzas. En términos de reparación de crédito, tenga en cuenta que la marca en su calificación crediticia no puede empeorar en este momento, la deuda ya se ha ido a cobranzas, así que tómese el tiempo para considerar todas sus opciones. Generalmente, el agente de cobranza se pondrá en contacto con usted de manera agresiva, exigiendo de inmediato el pago completo de la deuda, e implica que lo llevarán a juicio si esto no sucede.

Es ventajoso para usted en esta situación comprender que la compañía de cobros probablemente ha comprado su deuda algo cercano a la mitad de su valor, por lo que cualquier pago superior a ese generará una ganancia para ellos. Intente y ofrezca pagar menos del valor total de su deuda de inmediato. En la mayoría de los casos, el agente de cobranzas estará motivado a cerrar su archivo lo antes posible para evitar que el proceso se arrastre. Por lo general, estarán dispuestos a aceptar un pago rápido con un descuento para que puedan seguir adelante.

Para lograr la reparación del crédito lo más rápido posible, siempre intente pagarle a su acreedor en lugar del agente de cobranza cuando su deuda ha pasado a cobranzas. Si eso falla, ofrezca el agente de cobranza una cifra menor que el monto total del préstamo, el pago completo debe ofrecerse como último recurso.

Reparación de crédito a través de asesoramiento de crédito

Como muchas otras cosas en la vida, el presupuesto es una habilidad, algunas personas son mejores que otras en administrar sus ingresos y mantenerse al día en lo que respecta a sus deudas. Casi todos nosotros tuvimos algún tipo de deuda en un momento dado como una factura de tarjeta de crédito y un préstamo pendiente, o una hipoteca. Al tener una buena administración de sus deudas podrá mantener una buena calificación crediticia que le permitirá continuar recibiendo créditos en el futuro. Si no realiza los pagos a tiempo para sus préstamos, o peor aún, los deja en mora, se encontrará con un mal historial crediticio, que le quitará muchas oportunidades económicas. Para realizar una reparación de crédito, usted debe construir lentamente su calificación crediticia nuevamente. Una cosa que puede ayudarlo a hacer esto es buscar la ayuda de un asesor de crédito.

En general, el asesoramiento crediticio es realizado por agencias sin fines de lucro, y no debe confundirse con empresas de reparación de crédito con fines de lucro. Este último debe evitarse. Compañías de reparación de crédito tienen fama de ser estafadores, especialmente aquellos que se anuncian en línea. Incluso si no resulta ser una estafa, es probable que una compañía de reparación de crédito no haga nada que usted no puede hacerlo por sí mismo: le indicarán que obtenga su informe de crédito y desafilie todos los elementos negativos e incluso puede sugerirle que intente actividades ilegales como obtener una "nueva" calificación crediticia con datos y dirección diferente.

Por lo contrario, un servicio de asesoramiento crediticio solo brindará asesoramiento. Esta es la mejor y la más inteligente forma de participar en la reparación de crédito. Para evitar lo anteriormente mencionado, debe reconstruir su calificación crediticia lo cual será un proceso largo que requerirá tiempo y disciplina. Un mal servicio y un asesor de crédito lo ayudarán a tomar los planes y decisiones a largo plazo que necesita para una reparación de crédito efectiva.

La mayoría de buenas organizaciones de asesoría crediticia también le brindarán asesoramiento y talleres como materiales educativos, que le ayudarán a aprender a hacer y cumplir con un presupuesto, lo cual a largo plazo será extremadamente beneficioso para su calificación crediticia. También podrán proporcionarle asesoramiento personalizado, para que pueda examinar y aprender a mejorar decisiones económicas basadas en su experiencia crediticia particular.

El problema con las compañías de reparación de crédito, y la razón por la que debe sospechar de ellas, es que proponen una solución rápida y única para todos. Cualquiera que diga que puede arreglar rápidamente su crédito sin saber nada sobre la situación, no es veraz. Un consejero de crédito puede ser crucial para proporcionarle exactamente el tipo de atención particular que necesita.

Lo más importante, si se compromete en la reparación de crédito utilizando un concejal, sus soluciones serán a largo plazo, porque aprenderá a administrar su presupuesto de manera más efectiva, y haciendo cambios permanentes a sus hábitos de gasto. Esto es mucho mejor que pagar a una empresa de reparación de crédito que promete una solución rápida que no tiene ningún valor educativo para usted.

Consejos para una reparación de crédito

En el mundo de hoy, el crédito es esencial. La mayoría de nosotros usamos crédito casi todos los días sin siquiera saberlo: tarjetas de crédito, pagos de automóviles, pagos de viviendas, etc. Desafortunadamente, la mayoría de las personas no piensan mucho en su calificación crediticia hasta que se encuentren en problemas con ella. Tener un mal historial crediticio afecta mucho más que su capacidad de obtener un préstamo: también tendrá problemas para obtener todo tipo de crédito. Es esencial tomar medidas para reparar su historial crediticio lo más rápido posible. Aquí hay algunos consejos para reparar el crédito:

- **Obtenga su informe de crédito**

Este paso es crucial, toda la información de crédito es reportada por los bancos y similares agencias de crédito, quienes a su vez tienen la llave para reparar el crédito. La mayoría de la gente nunca considera obtener sus informes de crédito hasta que están intentando reparar el crédito, pero siempre es una buena idea.

En la mayoría de los casos, no debería haber ningún cargo por recibir una copia de su informe de crédito; simplemente tiene que solicitarlo (generalmente por escrito, en persona y acompañado de una copia de su identificación). Cuando sea considerado como un mal acreedor para una tarjeta de crédito o préstamo, la compañía deberá indicar qué agencia de crédito lo reportó como poseedor de un mal crédito, y luego puede solicitar un informe de esa oficina. La reparación del crédito comienza echando un vistazo detallado a su informe de crédito. Busque cualquier inexactitud: en algunos casos puede tratarse de errores en su archivo, o su información de crédito puede confundirse con otra persona con el mismo nombre. Muchas personas se sorprenden de la frecuencia con la que una empresa informa un pago atrasado por error.

Si encuentra alguna inexactitud, puede reparar su crédito solicitándolo por escrito a la agencia de crédito. Si tiene alguna documentación de respaldo, inclúyalo, de lo contrario simplemente indique dónde está la confusión y solicite que se analice. Esto lo beneficia de dos maneras: primero, si la agencia de crédito no puede verificar la información que estás disputa, por defecto debe ser eliminado de su archivo; segundo, si la oficina no responde a su solicitud de investigación dentro de los 30 días, la información en disputa debe ser eliminada.

Si resulta que su mal crédito es el resultado de un error, generalmente deberá ir a la oficina de crédito, es todo lo que necesita hacer para reparar el crédito. Cuando solicite su informe de crédito, tenga en cuenta que los encargados de su trámite harán que el proceso parezca más difícil de lo que es, ya que en términos de horas no les interesa responder a muchas solicitudes de informes de crédito.

- **Contacte a su agencia bancaria**

Una vez que haya revisado su informe de crédito y haya determinado que todo está correcto, el siguiente paso para reparar su historial crediticio es ponerse en contacto con los acreedores con los que posee cuentas morosas. Debe reparar estas cuentas lo antes posible para reparar su crédito exitosamente.

En muchos casos, la prioridad para el acreedor es recuperar lo más que se puede de la cuenta por cobrar. Muchas personas se sorprenden de lo complacientes que pueden ser en términos de organizar un proceso de pago: en muchos casos, el acreedor eliminará el interés o incluso reducirá la factura y se devuelve para pago inmediato. Si no puede pagar de inmediato, proponga un plan de pago para el acreedor al que puede apegarse: los acreedores se adaptarán a la mayoría de las propuestas de pago ya que, nuevamente, su interés principal será recuperar la deuda.

Recuerde que la razón por la que está haciendo esto es para reparar su historial crediticio por ello, bajo ninguna circunstancia debe comprometerse a un plan de pago con sus acreedores que no podrá cumplir solo terminaría empeorando los problemas en el futuro. Si un acreedor ha repetido problemas con un cliente, es poco probable que exista mucha confianza en la relación, por lo que probablemente no querrán ayudarte. En su lugar, elija algo que pueda cumplir y explique su actual situación financiera al acreedor. Al hacer esto, a menudo puede lograr la reparación del crédito con bastante rapidez.

- **Prueba y evite la agencia de cobros**

El peor y último paso que tomará un acreedor es vender su deuda pendiente a una agencia de cobros. En términos de reparación de crédito, esto es básicamente lo peor que puede suceder pues significa que a quien le debía dinero consideraba que sus posibilidades de recuperarlo eran tan bajas que están dispuestos a perder parte de la deuda. En la mayoría de los casos, el acreedor vende la deuda a la agencia de cobros con un gran descuento, a menudo la mitad del monto adeudado.

Cuando un deudor vendió su préstamo a una agencia de cobro, lo acaba de "cancelar" y creó la marca más baja posible en su historial crediticio. Si esto sucede, intente y actúe lo antes posible después de ser contactado por el agente de cobranza. Antes de negociar con la compañía de cobranza, hable con su acreedor. Vea si el acreedor eliminará la marca de "cancelado" en su historial de crédito. Esto es algo que harán a veces, a cambio de un pago inmediato.

Si su acreedor no está interesado en negociar el pago, usted se encontraría en problemas con el agente de cobranza. Puede darse el caso de que el agente de cobranza se mantenga en una posición muy intimidante y amenazante, y lo hará; generalmente implican que están dispuestos a llevarte a un juicio. Los dos puntos que debes tener en cuenta es que la compañía de cobro compró su deuda por menos del monto adeudado, y es poco probable que te lleven a juicio. Su mejor solución es ofrecer hacer un pago inmediato por menos del saldo real de su deuda. La mayoría de las empresas aceptarán esto, generalmente debido a que obtener ganancias en cualquier pago que supere el 50% de su deuda y al ofrecer pagar inmediatamente les permite cerrar su archivo y trabajar en otros temas. Cuando trata con un agente de cobranza, solo ofrezca el pago completo como último recurso.

- **Aplique para una tarjeta de crédito asegurada**

La reparación de crédito puede ser un proceso lento, y es posible que te encuentres construyendo un poco de respaldo de tu crédito poco a poco durante un largo período de tiempo. Un buen lugar para comenzar es con una tarjeta de crédito "asegurada". Estas tarjetas de crédito son emitidas por agencias bancarias que generalmente apuntan a personas que poseen un mal crédito. A diferencia de una tarjeta de crédito regular, para la cual sin duda será rechazado si posee un mal crédito, es un crédito garantizado, la tarjeta generalmente requiere que usted dé un depósito inicial equivalente al límite de crédito de la tarjeta. Es decir, usted le da a la compañía $500 por una tarjeta con un límite de crédito de $ 500, y se reservan el derecho de usar ese depósito contra cualquier saldo pendiente que permanezca durante demasiado tiempo.

Desde el punto de vista del emisor, su mal crédito no importará porque no asumen ningún riesgo: nunca les deberás más dinero del que ya les has dado para empezar. Según su punto de vista, las tarjetas aseguradas están lejos de ser ideales, pero si tiene un mal crédito y necesita participar en la reparación de crédito, no tiene otra opción.

Una vez que tenga una tarjeta de crédito asegurada, úsela con moderación pero regularmente y asegúrese de hacer todos sus pagos a tiempo. Al hacer esto durante un largo período de tiempo, reparará lentamente su historial crediticio y recuperará la confianza de los acreedores que lo rechazaron en el pasado.

- **Considere una empresa especializada en reparación de crédito**

Si encuentra que ninguna de las cosas anteriores le funciona en términos de reparación de crédito, considere ir a una empresa especializada en este tipo de procesos. Muchas de estas compañías le ofrecerán "limpiar su registro de crédito" por una tarifa. Mientras que los servicios de una compañía de reparación de crédito pueden ser mucho más útiles, dependiendo de su situación, debe ser muy cuidadoso para evitar estafas y leer toda la letra pequeña que hay en la mayoría de los casos.

La estrategia básica de la mayoría de las compañías de reparación de crédito será alentarlo a reclamar absolutamente todo en su informe de crédito con su agencia de crédito. La idea es inundar la oficina con más solicitudes de las que pueden responder en un período de 30 días, porque recuerde que si la oficina no puede proporcionar documentación para algo en su archivo en 30 días, debe ser remoto. Sin embargo, es cuestionable cuán efectivo es realmente esto, aunque la oficina si no los documenta, debe eliminar elementos dentro de los 30 días, en la mayoría de los casos las empresas seguirán investigando los reclamos, y cuando finalmente encuentren la documentación adecuada, los artículos se agregarán nuevamente.

Lo que sea que decida con respecto a una compañía de reparación de crédito, siempre recuerde revisar los documentos cuidadosamente. También tenga en cuenta que las compañías de reparación de crédito no pueden aceptar pagos legalmente hasta que los servicios prestados hayan concluido. También están obligados a describir claramente todos los pagos y términos.

Reparar usted mismo su crédito es la mejor opción

Tener una buena calificación crediticia es una de las herramientas esenciales para llevar una vida económica exitosa. Aunque la mayoría de las personas no piensan mucho en su historial crediticio, tener un buen crédito permite adquirir muchas cosas que generalmente se dan por sentadas: tarjetas de crédito, alquiler de autos, préstamos sin complicaciones y alquiler de apartamentos etc. Cada vez que demore o no pague una cuota, el acreedor informará esto a la agencia de crédito, y se le agregará a su historial crediticio. Si hace esto con demasiada frecuencia, o deja que los préstamos caigan en mora, tendrá que realizar una reparación de crédito, ya que será rechazado constantemente para tarjetas de crédito y la mayoría de los otros tipos de préstamos.

Si recurre a internet o anuncios clasificados al comenzar su investigación sobre reparación de crédito, probablemente notará muchas ofertas de compañías que ofrecen servicios de reparación de crédito. La mayoría de ellas se promocionan agresivamente y afirman que pueden arreglar su informe de crédito rápidamente por una tarifa. Debe ser muy cauteloso al tratar con estas empresas, muchas de ellas son estafas, y en la mayoría de los casos, usted mismo puede reparar su propio crédito de manera más efectiva.

Es importante comprender que no hay nada que una compañía de reparación de crédito pueda hacer que usted no pueda hacer. Hágalo usted mismo. En otras palabras, aunque pueda implicarlo, una compañía de reparación de crédito no está relacionado con la agencia de crédito y no puede obtener bajas calificaciones en su calificación crediticia "borrada" por lo que lo más probable es que la compañía de reparación de crédito lo aliente a obtener su informe de crédito de la agencia e impugnar elementos negativos en el informe.

En algunos casos, las compañías de reparación de crédito incluso llegarán a involucrarse en actividades de legalidad cuestionable. Lo alentarán a comenzar una "nueva" calificación crediticia a través de un cambio de domicilio e información bancaria. Esta práctica no es legal, ni suele ser eficaz. Un enfoque mucho mejor para la reparación de crédito es hacerlo usted mismo. Si buscas en línea podrás encontrar muchos sitios que ofrecen consejos y un paso a paso, la mejor opción es seguir los consejos de una fuente del gobierno u otra organización confiable.

El mejor enfoque es obtener primero su informe de crédito en la agencia bancaria, una vez que tenga el informe examínelo detenidamente y reclame, por escrito, cualquier error que pueda encontrar en el informe. Solo reclame si hay errores genuinos, si su informe está libre de errores, tendrá que participar en los tradicionales métodos de reparación de crédito. La mejor manera de comenzar es obtener una tarjeta de crédito asegurada y usarla regularmente, de esta manera reparará lentamente su calificación crediticia.

Al ser paciente y tomar decisiones de presupuesto inteligentes, podrá pagar a sus acreedores en el tiempo establecido. Al hacerlo, eventualmente les demostrará que es apto para recibir un crédito. Aunque la reparación de crédito de esta manera es un proceso lento, es el único realmente efectivo. Con este enfoque tendrá mucho más éxito a largo plazo que seguir a una empresa de reparación de crédito.

Capítulo 3: Estrategias para incrementar tu historial crediticio

¿Cómo establecer un buen historial crediticio?

La clave para fijar un buen historial crediticio es cumplir con su promesa de pagar préstamos o tarjetas de crédito según lo acordado, a tiempo y en las cantidades programadas, de lo contrario, será difícil y costoso para pedir un crédito para las cosas que realmente necesita para usted y su familia, incluido un hogar, una educación o atención médica.

Aunque sus intenciones puedan ser buenas, pueden ocurrir eventos como alguna emergencia médica o perder un trabajo, lo cual afecta su capacidad de pagar sus préstamos. Por ello, es fundamental configurar y contribuir regularmente a un plan de ahorro pues al hacer esto podrá tener fondos disponibles para cumplir sus acuerdos de crédito a pesar de algunos imprevistos que puedan suceder a futuro.

Si actualmente no tiene un crédito o rara vez pide dinero prestado, considere solicitar una o dos tarjetas para establecer algún crédito. Compare y revise las tasas de interés y las tarifas, use las tarjetas de crédito con cuidado, pagando la deuda cada mes. También es importante que mantenga su deuda general a un nivel razonable relativo a sus ingresos. En general, sus gastos no deben exceder más del 20% de su salario neto.

Necesidades versus deseos

Puede comenzar pensando en sus necesidades y deseos personales. Las "necesidades" son artículos que debe tener para la supervivencia básica, como alimentos, ropa y refugio. Los "deseos" son aquellas cosas que quieres pero que puedes vivir sin ellas, como artículos de moda, comidas en restaurantes o entretenimiento. Recuerde, los deseos no son ni buenos ni malos. Sin embargo, querrá personalmente equilibrar sus necesidades y deseos para que pueda establecer con éxito un plan de ahorro y buenos principios del plan de gastos. Los planes de ahorro y gasto lo ayudarán a establecer y a mantener un buen crédito y trabajar para establecer a largo plazo su seguridad financiera.

¿Cómo hacer un plan de gastos?

Establezca y mantenga un buen historial crediticio y demuestre su habilidad para administrar y pagar sus deudas, haga un plan de gastos y viva dentro de él.

Para desarrollar un plan de gastos, debe seguir los siguientes pasos:

1. Determine su ingreso mensual.
2. Enumere sus gastos mensuales fijos.
3. Conozca sus gastos variables.
4. Rastree y planifique gastos grandes y periódicos.
5. Compare sus ingresos con sus gastos.
6. Establezca prioridades, metas y límites.
7. Establezca un plan de ahorro y conviértalo en una prioridad.
8. Mantenga siempre un fondo de emergencia.
9. Planifique con anticipación las compras importantes y evite los impulsos decisiones.

Una vez que se sienta cómodo con un plan de gastos, puede estar más flexible y hacer ajustes para decisiones financieras que son en el mejor interés de su familia. Usa el plan de gastos lo cual lo ayudará a mantenerse dentro de sus posibilidades.

Estrategias de mejora

Si desea mejorar su crédito, es importante entender que no importa lo que uno haga, hechos negativos en el historial crediticio permanecerán allí hasta que estén programados para caducar. No se puede hacer nada para borrar los elementos negativos, pero se puede construir otro crédito sólido que ayudará a compensar el impacto de esos elementos negativos, y con el tiempo esos elementos negativos puedan desaparecer. La clave está en adoptar un enfoque proactivo para construir un crédito sin excederse demasiado. Como no se puede controlar directamente su historial crediticio, todo lo que se puede hacer es concentrarse en hacer cambios positivos que se reflejarán en su informe crediticio. Esos cambios, a través del tiempo se incorporarán a su historial crediticio. Estas son algunas de las mejores cosas que puede hacer para mejorar su historial crediticio:

1. **Pague sus facturas a tiempo.**

Una de las cosas más importantes que puede hacer para mejorar su historial crediticio es pagar sus cuentas antes de la fecha de vencimiento. Esto significa pagos en todo tipo de deuda, desde préstamos personales hasta una hipoteca para facturas de servicios públicos. Puede configurar desde su cuenta bancaria en pagos automáticos para ayudarlo a pagar a tiempo, pero asegúrese de que tenga suficiente dinero en su cuenta para evitar cargos por sobregiro.

2. **Si no tiene un historial de crédito, comience uno.**

Un largo historial de crédito le permite mostrar consistencia y responsabilidad en su gestión de crédito, así que cuanto más largo sea su historial crediticio, tiene mejores oportunidades de obtener un puntaje alto. Si aún no tiene un historial de crédito, le beneficiará comenzar uno, siempre y cuando siga las recomendaciones descritas en esta sección. Asegúrese de no abrir varias cuentas demasiado rápido.

3. Limite sus nuevas solicitudes de créditos.

Si solicita muchos préstamos nuevos o líneas de crédito, esto puede dañar su crédito. Cuando usted esté buscando un préstamo resulta mejor asegurarse de limitar el tiempo en que lo hace. El período de tiempo entre sus consultas es una forma en el que los bancos determinan si usted desea comprar un préstamo único o múltiple. Ver su propio informe de crédito o puntaje no dañará su crédito, ni los acreedores revisando su informe o puntaje para hacer ofertas preseleccionadas.

4. Si paga con tarjeta de crédito, pague todos los meses

Acumulará una línea de crédito haciendo uso de su tarjeta de crédito y pagando a tiempo siempre. Pague sus estados de cuenta cada mes para evitar cargos financieros.

5. No tenga miedo de hablar con sus acreedores.

Los prestamistas pueden modificar su tasa de interés o reducir su mensualidad. Pero no si no preguntas.

6. Controle su crédito regularmente.

No existe ningún problema por revisar su informe de crédito diariamente. Compruebe si hay errores o algún fraude potencial.

¿Qué pasa si no tengo crédito?

En ocasiones, los prestamistas no tendrán suficiente referencias de crédito para que pueda obtener el préstamo que desea. Si este es su caso, comience abriendo pequeñas líneas de crédito y realice pequeñas compras que pueden pagarse fácilmente. Si aún no tiene una cuenta corriente o cuenta de ahorro, es mejor abrir una. Su banco puede proporcionarle una tarjeta de crédito una vez que haya establecido un historial con ellos como cliente.

Si no tiene un crédito determinado, no está completamente fuera de suerte. Algunas agencias bancarias cuentan con un informe que les permitirá saber si las personas pagan sus facturas correspondiente alquiler y servicios a tiempo. Si consideran que son buenos pagadores, pueden aprobarle un crédito. Es por lo mencionado que resulta extremadamente importante cancelar estos gastos diarios a tiempo. Además, su capacidad de mantener un trabajo estable mejorará la probabilidad de ser aprobado para un crédito.

Otra opción sería obtener una tarjeta de crédito asegurada. Una tarjeta asegurada puede ser una excelente manera para que una persona sin crédito establezca crédito. Este tipo de tarjeta funciona como una tarjeta de débito y requerirá fondos depositados para compras, la principal diferencia es que su historial de crédito será informado en las oficinas de crédito. Sin embargo, es bueno realizar una investigación por adelantado, y asegúrese de hacerlo. También tenga en cuenta que no todos los bancos o cooperativas de crédito ofrecen tarjetas de crédito aseguradas, algunas tarjetas pueden incluso cobrar los trámites y otras tarifas.

También es aconsejable comenzar a ahorrar dinero para la cuota inicial de su hogar. El prestamista analizará su solicitud de la manera más favorable cuando pueda brindar un pago inicial del 20%. Tenga en cuenta que hay ciertos programas de préstamos disponibles que permiten un porcentaje de dinero de regalo (bono) para la cuota inicial.

Capítulo 4: Tarjetas de crédito

¿Cómo funcionan las tarjetas de crédito?

Las tarjetas de crédito tienden a tener tasas de interés más altas que otros tipos de créditos, y la tasa varía entre los diferentes tipos de tarjeta. Los intereses son cobrados sobre todos los consumos que quedan pendientes para el siguiente mes en caso de que no se cancele el monto adeudado (total) cada mes (o dentro de un período sin intereses). La tasa de interés también puede ser mayor si usa la tarjeta para retiro en efectivo.

¿Cómo elegir una tarjeta de crédito?

Puede ser fácil obtener una tarjeta de crédito en su banco de preferencia o cooperativa de crédito actual, pero puede encontrar una mejor oferta en otro lugar, así que es mejor comparar precios. Los sitios web de comparación pueden ser útiles para encontrar ofertas de tarjetas de crédito.

Períodos sin intereses vs tarjetas de crédito sin período de intereses

Las tarjetas de crédito con un período sin intereses (donde no paga intereses por un cierto tiempo después de una compra) a menudo tienen altas tasas anuales. Pero si paga su deuda dentro del período sin intereses, evitará pagar intereses, por lo que la tarifa más alta puede valer la pena.

Por otro lado, si cree que no podrá pagar las deudas de su tarjeta de crédito todos los meses, es mejor elegir una tarjeta sin días de interés. Por lo general, pagará tasas anuales más bajas ya sea desde el día de la compra o desde el día en que se emite un estado de cuenta mensual.

Errores importantes de la tarjeta de crédito

Las tarjetas de crédito pueden ser una bendición para los consumidores, ya que brindan muchas ventajas y beneficios debido a que son una excelente alternativa al efectivo, son excelentes si necesita hacer compras cuando se encuentra en apuros. Algunas tarjetas ofrecen beneficios o recompensas como devolución de efectivo o millas de viaje, mientras que otras le brindan una protección adicional para sus compras. Si juega bien sus cartas y paga sus saldos cada mes, nunca tendrá que pagar un centavo en intereses. Además, ser un usuario consciente de la tarjeta de crédito puede ayudarlo a mejorar su calificación crediticia.

Miles de consumidores tienen problemas para controlar los saldos de sus tarjetas de crédito. Si usted se encuentra entre estos consumidores, no se desespere. Hará que su deuda sea más manejable una vez que elija cambiar sus hábitos de gasto. Dé un paso gigante en esta dirección evitando o dejando de cometer estos errores importantes sobre la tarjeta de crédito:

- Uso de la tarjeta para artículos cotidianos

Un gran error que las personas suelen cometer es usar sus tarjetas de crédito para compras regulares y cotidianas. Excepto en circunstancias atenuantes, debe tener su presupuesto bajo suficiente control para pagar las necesidades con sus ingresos mensuales. Al mantener las compras comunes como insumos alimenticios y facturas de servicios públicos fuera del saldo de la tarjeta de crédito, dará un paso importante para controlar los gastos.

Tenga en cuenta que comprar leche con una tarjeta de crédito eventualmente se convertirá en un gasto mayor si no paga el su consumo al final de cada mes. No existe ninguna razón para incurrir en cargos extras ocasionados por intereses en aquellos artículos necesarios que debe comprar directamente con ingresos mensuales.

- Retirar dinero en efectivo

Las agencias bancarias de tarjetas de crédito emplean tácticas como enviar por correo mensajes sobre retiro de efectivo, alentando a usarlos para pagar facturas o para darse el gusto de algo bueno, pero rara vez dejan claro que este dinero se trata como adelanto en efectivo. Tomar un adelanto en efectivo es peligroso porque comienza a acumular intereses de inmediato, a diferencia de las compras regulares con tarjeta de crédito. Además, a menudo no hay período de gracia y se le cobrará una tarifa automática que puede alcanzar hasta un 4% sobre el monto del anticipo. También, la compañía de la tarjeta de crédito puede no considerar que el anticipo en efectivo sea pagado hasta que haya cancelado el saldo de sus otras compras.

- Uso de la tarjeta para pagar facturas médicas

Las facturas médicas pueden ser abrumadoramente caras, especialmente si no cuenta con un seguro. Si tiene problemas para pagar sus facturas médicas, negocie un acuerdo con el hospital o con otra compañía a la que le deba dinero. No aumente sus facturas y estrés añadiéndoles tasas de interés de tarjeta de crédito exorbitantes. También debe revisar sus facturas médicas por segunda o tercera vez, asegurándose de que sean precisas y que comprenda todos los cargos.

- Buscar bonos de su tarjeta de crédito

Las recompensas de tarjetas de crédito generalmente valen mucho menos que el interés adicional que acumulará si no puede pagar el dinero que gasta para ganar esos bonos. Puede, por ejemplo, recibir un punto por cada dólar que gasta, pero probablemente necesite canjear 5,000 puntos para obtener un descuento de $ 100 en un boleto de avión. Dado que los intereses cobrados en los saldos de cuentas pendientes a menudo exceden el bono típico del 2%, puede no ser una compensación valiosa.

También debe evitar suscribirse a múltiples tarjetas de crédito, independientemente de las bonificaciones. Si ya sabe que no administra bien las tarjetas de crédito, no agregue la tentación en forma de tarjetas adicionales. También es más fácil perder un plazo de pago cuando tiene más tarjetas de las que puede administrar. Recuerde, algunos cargos por pagos atrasados o intereses demorarán rápidamente esos regalos o recompensas de registro.

Puede usar sus tarjetas con más frecuencia una vez que haya pagado su deuda y sepa cómo evitar una nueva deuda. Siempre y cuando pague su saldo total y puntualmente cada mes, no hay nada de malo en usar tarjetas de crédito en lugar de llevar efectivo o aprovechar ventajas como el reembolso en efectivo o las millas de viajero frecuente. Solo asegúrese de que esas compras se ajusten a su presupuesto mensual.

- Ignorar su deuda

Algunas personas están tan estresadas o avergonzadas por la deuda de las tarjetas de crédito que dejan de extender sus cuentas y fingen que no hay problema. Obviamente, es un mal enfoque porque mientras ignora las facturas, la bomba de tiempo de las tasas de interés aumenta la deuda. Además, si pierde uno o dos pagos, la tasa de interés puede dispararse más alto según los términos del acuerdo de la tarjeta.

Puede llamar a las compañías de tarjetas si se siente abrumado y solicitar renegociar los términos de su acuerdo. Es posible que pueda bajar la tasa de interés, establecer un plan de pago u obtener una parte de su deuda. Si su primera llamada no funciona, siga llamando porque un representante de servicio al cliente diferente puede permitirle negociar un mejor trato.

Ignorar la deuda también puede reducir su puntaje de crédito y estimular a los cobradores de deudas a la acción.

- Hacer pagos mínimos

Pagar el mínimo (o incluso un poco más del mínimo) en cada mes en sus tarjetas de crédito puede parecer lo correcto para mantener su puntaje de crédito, pero no es una forma efectiva de pagar la deuda.

Dadas las altas tasas de interés y tarifas que se agregan a lo que debe pagar en las tarjetas de crédito, hacer pagos mínimos significa que solo se está reduciendo el monto de la deuda original. Tomará años pagar su deuda de esta manera. Además, a menos que deje de usar la tarjeta, irá agregando continuamente nuevas deudas a medida que intenta pagar las antiguas.

Además de tomar mucho tiempo, esta táctica podría terminar costándole miles de intereses más para cuando pague su deuda. Por eso es importante identificar si su deuda podría ser un problema y tener cuidado de ello lo antes posible.

Finalmente, no permita que la vergüenza le impida tomar medidas. Usted puede pensar que todas las demás personas tienen bajo control sus finanzas. Sin embargo, muchos de ellos enfrentan problemas de deuda similares a los suyos.

Esquemas de recompensa

Es importante tener en cuenta que las tarjetas de crédito con características especiales (como esquemas de recompensa, descuentos en ciertos bienes y servicios u ofertas de reembolso) a menudo tienen tasas de interés más altas.

Ofertas de transferencia de saldo

Puede obtener el beneficio completo de estas ofertas pagando el monto de transferencia dentro del período acordado. Si no se paga la totalidad del monto antes de que finalice el período de transferencia, el saldo a menudo se carga a la tasa de interés estándar o la tasa de adelanto en efectivo (que puede ser mucho mayor). Los términos y condiciones pueden ser diferentes para cada transferencia de saldo, por lo que debe asegurarse de entender lo que son.

Capítulo 5: ¿Cómo superar una deuda de tarjeta de crédito?

No importa qué solución de deuda elija, es importante comenzar a cancelar sus deudas lo antes posible porque dependiendo de sus acreedores, el interés en sus cuentas podría incrementarse todos los días, agregando más y más a sus deudas. Sin un plan sólido para salir de su deuda, podría estar atrapado en un ciclo interminable de intereses altos a pagar que podrían llevar años superar . Es por eso que resulta muy importante salir de la deuda lo más rápido posible.

Una de las mejores formas de crear un futuro financiero más estable es superar una deuda. Muchas personas son acreedoras de deudas a lo largo de sus vidas, pero si sus pagos mensuales de deuda se están convirtiendo en una fuerte fuente de estrés, podría ser el momento de reevaluar la forma en que administra su dinero.

Pasos para salir de una deuda de tarjeta de crédito

Cuando está abrumado por la deuda de la tarjeta de crédito, o se ha acostumbrado a llevar un saldo, puede parecer imposible encontrar una salida. Pero puede crear muchos caminos hacia un futuro libre de deudas. En esta sección se detallarán seis consejos sobre cómo salir de la deuda lo más rápido posible:

1. Anote todas sus deudas

El primer paso para superar la deuda es verificar la cantidad total que se debe. Si usted tiene varios préstamos, saldos de tarjetas de crédito y otras formas de deuda, es útil determinar cuánto paga cada mes y qué deudas son peores que otras en términos de tasa de interés general, pagos mínimos mensuales y más.

Ordene sus deudas de acuerdo a la tasa de interés más alta y el saldo total del préstamo. ¿Cuáles deudas son las "peores"? Haga un plan para priorizar cuáles deudas pagará primero.

2. Rastrea tus gastos

El siguiente paso para salir de la deuda es realizar un seguimiento de cuánto gasta cada mes y luego averiguar dónde puede reducir los gastos. Las herramientas en línea y el software presupuestario pueden ayudarlo a realizar un seguimiento de sus gastos. O, si prefiere un método más práctico, simplemente use papel y lápiz o configure una hoja de cálculo para realizar un seguimiento de sus gastos durante 30 días.

Averigüe si sus facturas son gastos fijos o gastos variables: fijos incluyen alquiler / hipoteca, primas de seguros y servicios públicos, mientras que los gastos variables incluyen gastos cambiantes, como comestibles, mantenimiento de automóviles. Más allá de las facturas, ¿cómo son sus gastos discrecionales? Esto podría estar en cosas como comidas de restaurante y entretenimiento. Una vez que tenga esto resumido, puede comenzar a elaborar estrategias para reducir el gasto en ciertas áreas.

3. Haga una "hoja de ruta" para salir de la deuda

Busque una calculadora de pago de deuda para calcular cuánto tiene que pagar cada mes y así poder salir de la deuda más rápido. Por ejemplo, esta calculadora de pago de deudas le permitirá analizar múltiples pagos de deudas, incluido el monto total, su pago mensual y las tasas de interés para determinar qué tan pronto puede estar libre de deudas y cuánto dinero pagará en intereses en el camino.

4. Reduzca el gasto en artículos pequeños

Una vez que tenga una hoja de ruta en mente, es hora de comenzar a cambiar sus hábitos de gasto mensual (y diario). ¿Podría ahorrar $ 500 por mes comiendo menos, cancelando una membresía de gimnasio que nunca usa o cancelando algunas suscripciones?

Vale la pena echar un vistazo más de cerca, muchas personas se sorprenden al ver cuánto gastan en programas de TV que no ven o suscripciones de aplicaciones Premium. Reduciendo gastos pequeños, a menudo, puede encontrar una gran cantidad de dinero para destinar a la superación de la deuda.

5. Reduzca los gasto en una gran cosa

Acerca de los pequeños gastos, estos ayudan a pensar en grande y estar listos para hacer un cambio importante en su presupuesto mensual. ¿Cuánto gasta cada mes en alquiler o en el pago de su automóvil? Podría considerar mudarse a un lugar más asequible o encontrar un compañero de cuarto, si eso significa salir de la deuda antes.

No tenga miedo de considerar hacer cambios en su estilo de vida para salir de la deuda. A veces es necesario hacer un sacrificio a corto plazo para lograr la estabilidad financiera.

6. Considere formas de ganar dinero adicional

La mayoría de las personas piensan que salir de la deuda se trata de gastar menos. Si bien reducir el gasto es una buena estrategia, no es la única, también tiene la opción de realizar trabajos adicionales para ganar más dinero.

¿Dónde podrías ganar dinero extra? Puede obtener un trabajo a tiempo parcial, vender algunos artículos en una venta de garaje o en un mercado en línea, hacer un trabajo independiente o aumentar sus ingresos para que lo ayude a salir de la deuda. No tenga miedo de pensar creativamente y esté dispuesto a trabajar duro a corto plazo para llegar a una mejor posición financiera.

Métodos para superar deudas de tarjeta de crédito

Se debe elegir entre el método de avalancha y bola de nieve, si todas sus cuentas tienen una tasa de interés similar, el Método Bola de Nieve podría ser una mejor opción, pero si tienes una o dos tarjetas con una tasa de interés escandalosamente alta, el Método Avalancha podría ser la solución correcta. Se debe tener en cuenta que ambos métodos requieren que se tenga suficiente dinero para pagar más del mínimo en tus tarjetas de crédito.

Método avalancha

Mediante este método, las personas utilizan el dinero extra que obtienen cada mes para poder pagar la deuda con la tasa de interés más alta, permaneciendo todos los pagos mínimos. Eliminando más rápido los pagos de interés más altos, usted pagará menos intereses en los siguientes meses hasta cancelar la deuda total. Una vez que termine de pagar su primera deuda con interés alto, encuentre la siguiente tasa de interés más alta y repita el proceso. Pague por encima del monto mínimo tanto como pueda, para que logre salir de la deuda más rápido.

Método de bola de nieve

Al seguir este método, las personas en lugar de centrarse en la deuda más alta, primero debe enfocarse en pagar la tarjeta con la deuda menor hasta llegar a la más grande sin importar la tasa de interés. Luego trabajas a tu manera para poder pagar la mayor cantidad adeudada.

Pagando deudas con los montos más bajos primero, se liquida aquellos pagos más pequeños rápidamente y se tiene menos cuentas por las que preocuparse. Finalmente, se debe continuar pagando las cuentas con los saldos más bajos hasta que no le quede ninguna deuda.

¿Por qué ahorrar es tan importante?

Es importante que todas las personas tengan ahorros. Además, se debe tener una cuenta que los ahorros permiten a las personas pagar alguna emergencia, le brinda libertad financiera y le puede ayudar a evitar problemas de crédito que podrían dañar su puntaje crediticio. Un puntaje de crédito alto puede facilitar el alquiler de un apartamento y calificar para un nuevo crédito.

¿Cómo comienzo a ahorrar?

Cuando se trata de ahorrar dinero, cuanto antes comience, mejor. No es un acto que se logra de la noche a la mañana, pero es un proceso que ocurre gradualmente y crece con el tiempo. Llegar a fin de mes puede ser un desafío y te preguntarás cómo es posible ahorrar en todo, pero cualquier cantidad ahorrada es un progreso. A medida que adquieras el hábito de ahorrar de forma rutinaria verás que el dinero ahorrado se está incrementado.

Contacte con su proveedor de crédito y realice un plan de pago

Puede visitar a sus acreedores en persona o llamarlos por teléfono e intentar negociar condiciones de pago más fáciles.

Los acreedores suelen estar abiertos a negociar condiciones de pago más fáciles si estás en una posición apretada puede indicar la cifra que puede pagar, y aumentar las cuotas a tu medida a fin de que se puedan pagar.

- ✓ Actúa temprano: trata tu cuenta antes de que sea tarde. Es más fácil y más barato tratar directamente con los acreedores que con agencias de cobro de deudas.
- ✓ Sea honesto y educado: explique su actual posición financiera. Usted no tiene que entrar en detalles, pero un poco de explicación debería ser suficiente.
- ✓ Entienda lo que va a obtener: ¿cómo será el interés cargado bajo el nuevo acuerdo de pago?, ¿cuál es el importe final que habrá pagado al término del plazo No tenga miedo de hacer preguntas.
- ✓ Tome notas: asegúrese de obtener un número de referencia y nombre para cualquier consulta que pueda hacer.
- ✓ Siempre solicite pruebas por escrito: ya sea un correo electrónico de confirmación o una declaración sobre la empresa con membrete, para su propia protección es necesario asegurarse de tener algo por escrito que confirma el nuevo arreglo.

Referencias Bibliográficas

McKenna, J. Makela, C. y Porter, N. (2014). Informes crediticios. Recuperado de https://mountainscholar.org/bitstream/handle/10217/195073/AEXT_091412014-spa.pdf?sequence=1&isAllowed=y

De La Madrid, R. (2012). Reportes sobre la discriminación de México 2012. Recuperado de https://www.conapred.org.mx/userfiles/files/Reporte%20D-CREDITO-Web_INACCSS.pdf

Vladilo, V. (2011).Paz crediticia: Aprenda a reparar tu crédito, a obtenerlo o mejorarlo. Recuperado de https://s3.eu-west-1.amazonaws.com/eu.storage.safecreative.org/1/2011/05/27/00000130/332b/da11/8f5f/89944ea89a6b/PAZCREDITICIACONBONOparaimprimir.pdf?response-content-type=application%2Fpdf&X-Amz-Algorithm=AWS4-HMAC-SHA256&X-Amz-Date=20191017T044116Z&X-Amz-SignedHeaders=host&X-Amz-Expires=86400&X-Amz-Credential=1SXTY4DXG6BJ3G4DXHR2%2F20191017%2Feu-west-1%2Fs3%2Faws4_request&X-Amz-

Signature=39ff7d233d54b90f183d3f615891f
617cf0350afa9fbaea5565f16348278eb44

Molina, V. (2002).El Gestor de cobranza. Recuperado de https://books.google.com.pe/books?id=Id3 7mei83AIC&pg=PA30&dq=creditos+y+co branzas&hl=es&sa=X&ved=0ahUKEwjR75 fTv6LlAhVCi1kKHYkdDQcQ6AEINjAC# v=onepage&q=creditos%20y%20cobranzas &f=false

Pimenta, C. y Pessoa, M.(2015).Gestión Financiera publica en América Latina: la clave de la eficiencia y la transparencia. Recuperado de https://books.google.com.pe/books?id=1b F2DwAAQBAJ&printsec=frontcover&dq=l a+clave+de+la+eficiencia+y+transparencia &hl=es&sa=X&ved=0ahUKEwjp68isv6LlA hWGwFkKHatEDUMQ6wEIKjAA#v=one page&q=la%20clave%20de%20la%20eficien cia%20y%20transparencia&f=false

Panasiuk, A. (2003). ¿Cómo salgo de mis deudas? . Recuperado de https://books.google.com.pe/books?id=4p t6kuaMOUC&printsec=frontcover&dq=deu das&hl=es&sa=X&ved=0ahUKEwi11f6Lw aLlAhUJvVkKHWGoACMQ6AEIKDAA# v=onepage&q=deudas&f=false